A TROIS PAS

MONOLOGUE

DU MÊME AUTEUR :

Imprimerie générale de Châtillon-sur-Seine. — A. Pichat.

PIERRE TRIMOUILLAT

A TROIS PAS

MONOLOGUE EN VERS

DIT PAR

Mademoiselle **OLGA WOHLBRUCK**, de l'Odéon.

PARIS

TRESSE & STOCK, ÉDITEURS

GALERIE DU THÉATRE-FRANÇAIS

PALAIS-ROYAL

—

1886

Tous droits réservés.

A Mademoiselle Olga Wohlbruck.

———

Tenir à trois pas de distance
Tous les gens à qui vous plaisez,
C'est cruel! Pour que je vous tance
Venez — à trois pas de distance...
Tout le monde est en pénitence,
J'en suis certain, si vous osez
Tenir à trois pas de distance
Tous les gens à qui vous plaisez...

P. T.

A TROIS PAS

I

Etre jeune, aimable et jolie,
(Et c'est, je pense, un peu mon cas)
Vous suscite bien des tracas.
On est belle ... Est-ce qu'on l'oublie ?
Mille faiseurs de compliments,
Jeunes et vieux, laids ou charmants,
Vous assiègent à tous moments!
Ce bruit, s'il faut être sincère,
Est pour nous un mal nécessaire.
Moi, je souffre tous les discours,
Pleins d'esprit ou sots, longs ou courts ;
Mais (au bon moyen j'ai recours) :
J'entends qu'on soit, par convenance,
     A trois pas de distance.

II

A cette condition, certe,

Tous peuvent m'exposer leurs vœux.

Ces trois pas qu'entre nous je veux,

J'en sais que cela déconcerte.

Pourquoi donc ? Que désirent-ils ?

Lancer de grands mots puérils,

Régal des esprits peu subtils ?

Eh bien, je livre sans défense

Mes oreilles que rien n'offense ...

Peut-être que ces amoureux,

Trop dédaigneux des discours creux,

Seraient de près fort dangereux,

Tandis qu'ils sont sans importance
  A trois pas de distance.

III

Pourtant, quelquefois on rencontre
Des gens pleins de sincérité
Dont le cœur n'est point irrité
De la rigueur que je leur montre.
L'un d'entre eux, qui me plaît assez...
(Très grand, brun, vingt-six ans passés)
Sans prendre d'airs embarrassés,
A su très bien plaider sa cause.
De notre mariage on cause...
— Malgré son plaidoyer adroit,
On se trompe fort si l'on croit
Que je suis faible à son endroit :
Je le tiens avec persistance
    A trois pas de distance.

IV

Du grand jour on est à la veille ;
Aussi, monsieur fait le mutin.
Ne voulait-il pas ce matin
Me prendre un baiser ? — Mais je veille.
— Oh ! disait-il, accordez-m'en
Un seul ! Là-bas votre maman
Est tout entière à son roman ...
Au fond du salon votre père
Lit son journal — fort long, j'espère ...
— Il était sur le point d'oser
Prendre malgré moi ce baiser.
Je dus, lasse de refuser,
Tripler, malgré sa résistance,
          Les trois pas de distance !

V

On dit qu'après le mariage
Le plus timide soupirant
Devient un terrible tyran
Auquel toujours céder est sage.
S'il exige trop, cependant,
Ne pas obéir est prudent.
— Mais sachant quel amour ardent
Celui que j'épouse me voue,
Pour lui tout seul je me dévoue ...
— J'aurai l'air, par distraction,
De n'y pas faire attention,
S'il n'est pas après l'union
Tout à fait, devant l'assistance,
    A trois pas de distance...

FIN

TRESSE & STOCK, ÉDITEURS

Galerie du Théâtre-Français, 8 à 11, — Palais-Royal.

PARIS.

MONOLOGUES

A CORNEILLE, par L. Paté, poésie dite à la Comédie-Française, par M. Maubant. . . . . » 50

UNE ACTRICE EN VOYAGE, de M. Gaston Hirsch, dit par Mlle Marguerite Ugalde, des Nouveautés . . . 1 »

AFFLICTION ! de Jean Gascogne, dit par M. Coquelin cadet . . . . » 50

A LA MER ! par M. Bertol-Graivil, dit par M. Coquelin cadet, de la Comédie-Française. . . . . » 50

L'ALBUM, par MM. E. Philippe et L. Bridier, monologue en prose, dit par mademoiselle Reichenberg, de la Comédie-Française . . . . 1 »

L'ALCOVE, par Henri Buguet, dit par M. Daubray, du Palais-Royal . . . . » 50

ALTÉRÉ DE SANG ! de M. J. Guillemot, dit par M. Coquelin cadet. . . . . » 50

ANDRÉ GILL, par E. Blémont, poème dit par M. A. Lambert, de l'Odéon . . . . » 50

APRÈS NOUS, de Lucien Puech, dit par M. Coquelin cadet . . . . 1 »

L'ARAIGNÉE, monologue en vers, par P. Trimouillat. dit par M. Duard, de l'Odéon . . . . » 50

A TROIS PAS, de P. Trimouillat, monologue dit par Mlle Olga Wohlbruck, de l'Odéon. 0 50

LES BAINS DE MER, de L. Puech, dit par M. Coquelin cadet. . . . . 1 »

LE BANDEAU, monologue en vers par P. Trimouillat. dit par M. Pierre Laugier de la Comédie-Française » 50

LE BÈGUE, de P. Trimouillat, dit par M. de Féraudy, de la Comédie-Française. . . . . » 50

LE BEURRE DE FRANÇOISE, de MM. Bridier et Philippe, monologue dit par Mlle Lamarre, du Palais-Royal. » 50

BLASÉ ! monologue en prose par M. Pr. Morton. » 50

BON A TOUT FAIRE, de MM. Bridier et Philippe, dit par M. Dailly, du Palais-Royal . . . . » 50

BONNE ANNÉE, par Emile Moreau, compliment en vers, dit par Mlle J. Granier, du Gymnase . . . . . 1 »

CAÏN, de René Asse, scène biblique en vers, dite par
M. Worms, du théâtre du Châtelet . . . . . .   » 50
CAMELOT, monologue en prose de M. A. Girod, dit par
M. Galipaux, du Palais-Royal. . . . .   » 50
LE CHALET, de M. L. Bridier, dit par M. F. Galipaux.   » 50
LES CIGALIERS A FLORIAN, par Grangeneuve, vers dits
par M. Mounet-Sully, de la Comédie-Française. 1 »
LA CLÉ DE BARBE-BLEUE, par Octave Gastineau, say-
nète jouée par Mme***. . . . .   1 »
LES COLÈRES DU FLEUVE, par G. Duval, poésie dite
par madame P. Patry, de la Porte-Saint-Martin.   » 50
LA CORDE, de P. Trimouillat, monologue en vers dit
par M. Saint-Germain . . . .   » 50
CROMWEL, monologue en vers, par Aug. Doude-
ment . . . .   » 50
CONFIANCE! par J. Truffier, fantaisie en vers, dite par
M. Ch. Thiron, de la Comédie-Française . . 1 »
LE CONTE DU GARDE, de G. Nadaud dit par M. Coque-
lin aîné. . . . .   1 »
LE COUCHER DE MONSIEUR, de G. Nadaud, dit par M.
Coquelin aîné. . . . .   1 »
LA COURONNE, récit en vers de MM. P. Amette et E. Rimé,
dit par M. de Feraudy, de la Comédie-Française.   » 50
DANS LA SALLE, par G. Dampt, dit par M. Coquelin
cadet. . . . .   » 50
DANS LE NORD, par M. Bertol-Graivil, dit par M. Coque-
lin cadet. . . . .   » 50
DANS LE VOLUME BLEU, par M. H. Buguet, monologue
dit par M. Saint-Germain, du Gymnase. . . .   » 50
DENIS PAPIN, de Emile Gouget, poème dit par M. Co-
quelin cadet, de la Comédie-Française . . . .   » 50
LE DINER DE DULAURIER, par MM. L. Bridier et E. Phi-
lippe, monologue en prose, dit par M. Berthelier.   » 50
DUCANOIS, par P. Ferrier, monologue en vers libres dit
par M. Saint-Germain, du théâtre du Gymnase. 1 »
LES ÉCONOMIES DE CABOCHARD, par Dumanoir et
Siraudin, vaudeville joué sur le théâtre du Palais-
Royal par M. Achard . . . .   1 »
LES ECREVISSES, par Jacques Normand, fantaisie en
vers, dite par M. Coquelin, de la Comédie-Française,
édition ornée de 12 dessins de S. Arcos. . . .   2 »
ELLE M'ATEND! monologue de M. G. Lorin, dit par
M. Coquelin cadet. . . . .   » 50
EN DUEL! par J. de Marthold, dessins d'Em. Mas. 1 »

IMPRIMERIE GÉNÉRALE DE CHATILLON-SUR-SEINE. — A. PICHAT.